QUEM TEM PENA DE PASSARINHO É PASSARINHO

Líria Porto

CB029400

Conheça melhor
a Biblioteca Madrinha Lua.

QUEM TEM PENA DE PASSARINHO É PASSARINHO

Líria Porto

São Paulo, 2021

Copyright © 2021 Líria Porto

EDITORA **Renata Farhat Borges**
COORDENADORA DA COLEÇÃO **Ana Elisa Ribeiro**
PROJETO GRÁFICO E DIAGRAMAÇÃO **Gabriela Araujo**
REVISÃO **Mineo Takatama**

Dados internacionais de Catalogação na Publicação (CIP) de acordo com ISBD

P853q   Porto, Líria

Quem tem pena de passarinho é passarinho / Líria Porto. – São Paulo: Peirópolis, 2021.
80 p.; 13 x 20 cm – (Biblioteca Madrinha Lua)

ISBN 978-65-5931-037-1

1. Literatura brasileira. 2. Poesia. I. Título. II. Série.

2021-3736

CDD 869.1
CDU 821.134.3(81)-1

Elaborado por Vagner Rodolfo da Silva – CRB-8/9410

Índice para catálogo sistemático:
1. Literatura brasileira: Poesia 869.1
2. Literatura brasileira: Poesia 821.134.3(81)-1

Editado conforme o Acordo Ortográfico da Língua Portuguesa de 1990.   1ª edição, 2021

Editora Peirópolis Ltda.
Rua Girassol, 310f – Vila Madalena
05433-000 – São Paulo – SP
tel.: (11) 3816-0699
vendas@editorapeiropolis.com.br
www.editorapeiropolis.com.br

∿ *Impossível! Impossível que essa doçura*
de ar não traga outras.

Primavera ao correr da máquina
A DESCOBERTA DO MUNDO   Clarice Lispector

PREFÁCIO
Um deus passarinho
Marilia Kubota

Em *quem tem pena de passarinho é passarinho*, a poeta Líria Porto celebra a natureza. Esse é um tema recorrente na poesia, com a associação a um criador divino que se aproxima da figura do artista. Aí o transcendente é grandiloquente e intangível. Líria se deslumbra diante de uma natureza cotidiana e visível. A divindade pode estar numa paisagem ou numa criança que habita as margens sociais: "deus é menina / tem cachos – eu acho / talvez seja negra".

Com o olhar voltado para as transformações da natureza, Líria ensaia a criação de haicais, poemas minimalistas de origem japonesa: "os sapos as rãs / saltos à beira do lago / todas as manhãs". Alguns desses poemas saltam aqui e ali, mas Líria persiste em um fôlego mais longo. Talvez por ainda não ter como mirada única a contemplação da natureza e a forma brevíssima.

A poeta há tempos conquistou uma voz marcada pela concisão, e sua "sede do rio não cede" a modismos.

Como um passarinho, ela quer apenas "um lugar pra minha rede / um amor pra minha sede / um pouso", ou seja, qualquer lugar e amores para o seu cantar, porque há lírios no pântano. Os passarinhos, esses pequenos seres celestiais, são símbolos não apenas de sua liberdade como de solidão: "não voo / isso me exclui do bando / da banda / do ruflar das asas / e do rufar dos tambores". Usando o bem-te-vi como mote, a poeta entoa uma canção do exílio às avessas, em que manifesta "um desejo singular / de morrer neste lugar / e de aqui renascer". Também são os pássaros os mestres que ensinam como se tornar leve diante da morte: "já vivi suficiente / das cangalhas me livrei / aprendi a bater asas / a circular sem fronteiras".

O olhar que se volta ao natural é a tentativa de reagir a um mundo em que a natureza é explorada à exaustão pela utilidade ao ser humano. Esse olhar difere da visão romântica ou simbolista, porque a natureza não é apenas uma paisagem para o individualismo. Confunde-se com o eu para o resgate de uma espiritualidade não num plano celeste, mas em nível terrestre. E assim a poesia é o veículo, a linguagem que conecta a natureza à potência de vida.

Marilia Kubota é escritora e jornalista. Seus últimos livros são Velas ao vento *(poesia) e* Eu também sou brasileira *(crônicas), de 2020.*

reverência

quem teve a primeira ideia

de pintar o céu de azul

semear nele umas nuvens

desfiar depois a chuva

colorir o chão de flores

lindos tons vário o verde

luz no sol branco na lua

sete cores no arco-íris

brilho em toda estrela

sem usar papel nem tinta

tela ou computador

deslumbra-me

monoico

deus é menina
tem cachos – eu acho
talvez seja negra
não a vi de frente
senti pelo cheiro
de flores queimadas
de incenso e fumaça
que veio com o vento

foi tal o deleite
na manhã de sol
que pensei
tão bonita
e assim perfumada
só deus

olha a garoa

amanheceu chuva fina
acabou-se a aguaceira
agora nossa senhora
coa chuva na peneira

a minha serra cheirosa
vestiu manto de neblina
com roupa tão vaporosa
parece moça menina

mantém os olhos abertos
sem cortina sem vidraça
a vida é boa é bela
não a vês? – a vida passa

torrão

o rio caminha caminha
alcança o destino mas fica onde estava

um rio não larga as origens
embora se perca nas águas salgadas

a sede do rio não cede

tanto mar

azul azul azul
a jogar-se nas pedras a roçar a areia a balouçar
a bramir canções de espuma

oferenda

vou jogar flores no mar

levar comida perfume

espelho pentes enfeites

agradecer janaína

pelo balanço das ondas

pelo azul pela espuma

pelo ano de fartura

pela coragem saúde

e também pedir perdão

por ser assim imperfeita

e até pela tristeza

que às vezes

sinto

sem demasias ou delongas

a catar qual passarinho
um lugar pra minha rede
um amor pra minha sede
um pouso

(não preciso latifúndio)

bandoleiras

maritacas maritacam

voam em bando

bicam verdes amarelos

e no meio da algazarra

roubam caquinhos do céu

para enfeitar as asas

conchas

é a coisa mais linda
carregar água
na folha d'inhame

imagina u'a mãe
a levar no colo
o recém-nascido
ou um ninho pequeno
com três filhotes
abrindo os bicos

é tão lindo quanto

bashô em mim

os sapos as rãs
saltos à beira do lago
todas as manhãs

garatuja

o amor que eu tenho
é só o desenho – esboço malfeito
de alguma paixão recolhida

feio

quem partiu a lua ao meio
colocou freio e arreio
no meu devaneio

manha

nas brenhas da montanha que me arranha
existe um canto para ouvir-se os cantos
da manhã

cochichos

segredou-me um tico-tico
felicidade tem bico

o fio da meada é cor de prata

o tempo passarava e o canto do galo
rasgava como um dardo as madrugadas

amanhã era hoje num instante
embora nos olhássemos
e jamais fôssemos grandes

a vida pássara
traz-nos cabelos brancos

o galo canta
não sei se agora
                ou ontem

bipolar

verão – o céu despenca

quando não é sol é chuva

:

nascem como pés de avenca

ora dádivas ora dúvidas

apuro

a chuva
lavou a ladeira
tirou todo o barro
deixou tudo
um brinco

então meu amor
sobe a serra
de alma lavada
sorriso nos lábios
e pés limpos

artista

retas encurvam-se
curvas se alinham

quem riscou à perfeição
o arco-íris?

farnel

sem vacilo sem titubeio

a canoa segue firme

rasga a água

vai valente várzea adentro

beira a margem

deixa um rastro sem poeira

:

amor meu

chego antes da saudade

e levo um peixe

irreconhecível

eu tinha uma canoa – minha
boa
com ela atravessava o rio
ria
ia
beirava o horizonte
e debaixo do arco-íris
virava homem
:
a barba crescia eu voltava
bebia com os pescadores
contava vantagem

a caneca

todo dia sirvo alguém

café com leite bem cedo

à tarde um chá quentinho

chega a noite – a sopa um caldo

eu fico muito cansada

apenas tenho uma asa

se fossem duas arriscava

imitava um passarinho

e vez em quando

voava

préstimos

tantas flores cobrem a serra

eis que chega a primavera

esta moça meus senhores

(o seu cheiro pleitos pétalas)

faz-me cócegas favores

quando à noite eu me deito

tenho bambos corpo

vestes

de floração

apraz-me olhar as árvores
a calma com que se movimentam
parecem-se a mulheres grávidas
no aguardo do rebento

poente

não é noite ainda
nem dia
nesta hora aflita
ninguém interdita
o ocaso

fica mais um pouco
espera a estrela
ela não demora
hoje é domingo
ou segunda-feira?

não importa o tempo
não importa a mágoa
esse limiar
é e sempre foi
a gota d'água

a vida se esvai

esgota-nos apouca-se

salve-se o amor

alvo dos chacais

cria indefesa

cabra-cega

se eu te disser

lá fora tem um jardim

pensarás – tem um jardim

e eu jamais te direi

lá fora tem um muro

sereia

tecia as franjas **do mar**
picotava-as em **bicos**

estendia-as na **praia**
pr'areia ficar **bonita**

amarelinha

céu inferno céu inferno
a menina estica o pulo
e bate a cabeça
       na nuvem

montanhesa

dissera-lhe a professora
tens olhos de folha seca
(herança dos ancestrais)
:
castanho-esverdeados
ou verdes com algum barro
a parda cor dos pardais

adolescência

meu pezinho de limão
cobriu-se de flores
e espinhos

será que vai entender
quando o corpo pequenino
produzir acidez?

peleja

para se manter no ar
um passarinho pena

abano

a moça o leque o movimento
parecem-se à imensa borboleta
que aventou de inventar
o vento

surucucu

a serpente segue sem saber se é suficiente
ou se é somente essa sucessão de sibilos
:
ssssssssssssssssssssssssó

tempos bicudos

madame natureza – estilista renomada
usa as sobras de tecido dos fraques dos pinguins
para vestir andorinhas com trajes
de gala

paixão

um cão vadio disse ao girassol – vem comigo
vou levar-te ao polo norte onde o sol brilha
seis meses consecutivos

:

morreu de overdose
                    a pobre flor

defloração

a terra molhada
exala um perfume
tão próprio das fêmeas
um cheiro de coito
e dentro em pouco
estará inundada
de verdes de brotos
de intumescências

o visitante

já o inverno me rodeia
tece sua teia branca
finca estaca lá na porta
entra por baixo das telhas
reclama lenha coberta
arranha-me a pele

eu quieta no meu canto
ele insiste pede leite
uma dose de conhaque
chá de cravo de canela
chocolate sopa quente
agasalho meias vela

o inverno veio cedo
com seus braços magricelas
respiração ofegante
pouco cabelo
misérias

medula

rio sobre a ponte
rio sobe a ponte
rio sob a ponte
rio só

a ponte – um ponto
sem nós

platônicos

o mar não para
vai e vem – irrequieto
chega à praia passo à frente
depois acho se arrepende
arreda o pé

a serra por sua vez
permanece embasbacada
a olhar o mar de longe
tem desejos de tocá-lo
o corpo não lhe obedece

pés no chão

a lua no alto
o gato a lamber os bigodes
a sonhar com um prato de leite

vou à janela
e sem ilusão
vejo o satélite

relâmpagos

para espantar o medo
mamãe queimava fragmentos de folhas de
coqueiro
bentos na missa de ramos

sobreviventes do dilúvio
en_cantos da cozinha
        dávamos gargalhadas

rachaduras

dos pingos da chuva
ouvia os chiados
tais quais os enxurros
riachos da alma

achou entre os seixos
um nicho de mágoa
prendeu as madeixas
os cachos da lágrima

chorou só um pouco
baixinho sem garças
:
tristezas são brumas
são minas sem mar

flagrante

o grilo quieto no teto

parece grilado com algum pensamento

parado no meio do pulo

não vou lhe estragar a sesta

só mato em legítima defesa

a rigor

tardinha densa
sol na lapela
goela apertada

a noite rente
abre a cancela
pra estrela vésper

premonição

recanto do galo

eu falo eu falo

o rifle apontado

gargalo da noite

um galo outro galo

e outro e outro

colar de disparos

na boca do mundo

acordo assustada

a lua apagada

coitada coitada

vai pôr pé na estrada

a vida é uma sorte

e a morte não sabe

por onde caminha

boca seca

se o vento te falar das suas coisas
do quanto nesse mundo ele já viu

saberás que na vida em algum momento
um copo d'água é maior do que um rio

guia

pé limpo foi com pé sujo
descobrir caminhos

não sabia dos espinhos
nem dos pedregulhos

deu uns pulos sentiu dor
mas pé sujo lhe ensinou

não chores nem fiques triste
com o tempo o couro engrossa

e a vida aqui na roça
       é para os fortes

álibi

andei atrás da minha sombra
e se alguém deixou pegadas não fui eu

como se fora a sombra da sombra
eu não fazia nem sentia nada

caminhava contra o sol

miserável

sinto a sede de um rio seco
de um vinho findo

não vieste
      não virás

e as uvas estão verdes

hipócrita

horrível é camuflar o ruim
é dar brilho de verniz em pau cheio
de cupim

medição

meço o que faço com a fita do horizonte
e tudo fica tão pequeno que os erros
não me massacram

fiasco

não voo
isso me exclui do bando
da banda
do ruflar das asas
e do rufar dos tambores

massa

cordeiros caminham por pastos campinas
e vão tão juntinhos como um corpo imenso
a pensar (não pensar) sempre o mesmo
sobre o mesmo capim

conforto

qualquer lugar me acomoda
uma choupana um casebre
uma tenda um barracão
não me atrapalham as paredes
se de palha barro ou lona
:
há lírios no pântano

onde cantam os bem-te-vis

esta terra tem um cheiro
beiro a serra sinto um bem
um ardor me atravessa
um prazer um arrepio
um desalojar das penas
um desejo singular
de morrer neste lugar
e de aqui renascer

pontuado e sem respostas

ouve-se o canto da cigarra

aonde vai levá-la esta canção?

o sol arde implacável

o que é para o sol uma cigarra?

a folha cai é só uma folha

o que é uma folha?

quem somos nós

cara-pálida?

passe livre

quando a foice do destino
ceifar de mim as estrelas
vai me encontrar precavida
não sou de arrastar sandálias
:
já vivi suficiente
das cangalhas me livrei
aprendi a bater asas
a circular sem fronteiras

neblina

passageiros como as nuvens

deixem-nos chover

trovejar mudar de forma

derreter ante o azul

evaporar

viver é névoa

cão de guarda

cresceu a casa ou pequeno fiquei eu
e o corredor não tira os olhos – o silêncio
faz barulho de fritura

(havia passarinhos
eu gostava desta casa
como um gato)

rosnam-me os ossos

camaleões

enquanto havia pranto
os olhos da criança
pareciam verdes

hoje ela não chora
e os olhos de agora
são barro seco

novela

quando vê o cão
a lua mia

quando vê o gato
a lua late

quando cão e gato brigam
a lua assobia

e assim
o tempo
passa

a lenda da lia esplêndida
e da lua desalmada

lia nasceu branquinha

em noite de lua clara

desde muito pequenina

quando olhava para cima

lia achava a lua linda

então lia lhe falava – vem

a lua não vinha

passaram-se muitos anos

lia nunca desistiu

toda vez que viu a lua

acenou e repetiu – vem

a lua não vinha

um dia lia velhinha
cabelos da cor da lua
a pele fina enrugada
ouviu a lua dizer – vem

e lia virou estrela

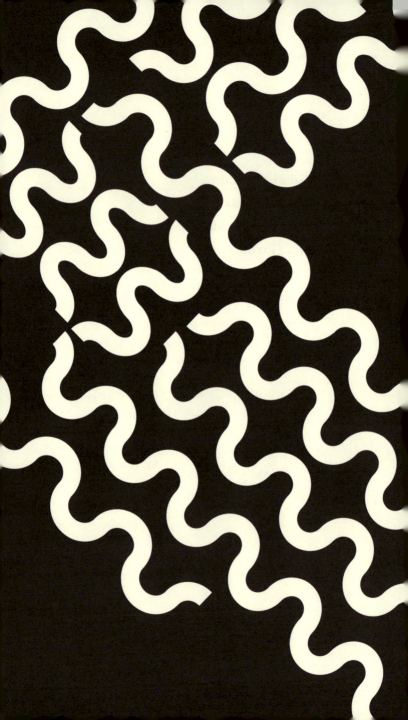

POSFÁCIO

Energicamente delicada

Ana Elisa Ribeiro

Líria Porto surgiu para mim num pedido, lá por 2008.
Eu não fazia ideia alguma de quem ela era, nem
mesmo conhecia sua poesia, mas entendia então
que era oportunidade de saber e de conhecer
o traço fino daquela poeta surgida das redes
telemáticas. Líria chegou por meio de uma
mensagem sobre um livro, *de lua*, assim, em
minúsculas, a ser publicado em Portugal, e que
precisava de um prefácio. Não nos conhecíamos
de conversas e trocas, mas ela me conhecia
dos textos, este enorme novelo que, afinal,
tece encontros entre as pessoas há séculos.
E desencontros também, claro! Mas o caso aqui
foi de partilha.

Quando li aquele pedido de prefácio, aliás de um livro com
um título bonito desses, não hesitei. Não me
ocorreu pensar "por que eu?"; ao contrário: me
ocorreu pensar "por que não eu?", e daí me pus
a ler a poesia da Líria Porto, até ali pouco mais
que um nome na minha caixa de e-mails. E li

e mergulhei nos universos que ela criava tão bem, manejando verso e ressonâncias como ninguém. Isto: como ninguém. Porque, embora haja muitas poetas no mundo, a Líria Porto de Araxá só tem uma. E ela concebe seus poemas com traço reconhecível, tal como grandes pintores ou desenhistas. Se fosse possível ver a poesia da Líria Porto, seria talvez por meio de traços finos mas enérgicos, firmes em seu voo planado, uma expectativa de vir algo leve, mas vem uma pedra, depois o contrário, e vem uma pluma. Foi assim que entendi a poesia da Líria, e depois a própria Líria, uma mulher linda, imponente, de belíssimos cabelos inteiramente brancos, jeito de líder e uma enganosa imagem de avó dos contos para crianças. Enganosa.

A poesia da Líria Porto me surpreende, assim como a poeta. No timbre dela, os temas vêm fortes e as formas são cunhadas com espátulas miúdas. Com alguma delicadeza, ela vem e desanca a gente. A despeito daqueles óculos de moça séria, o olhar é felino e o verso é desconcertante. Líria é meio haicaísta, meio feminista, meio feroz na crítica a este mundo torto em que tentamos nos equilibrar. Líria Porto foi um dos sucessos da coleção Leve um Livro, de livretos gratuitos que distribuímos em Belo Horizonte por três anos. Não me esqueço de uma leitora que enviou mensagem no Facebook do projeto: "meu Deus, quem é essa poeta! Nunca tinha ouvido falar e já me apaixonei. Como encontrar os livros dela?".

Poetas têm disso. Como encontrar seus livros,
quando nos apaixonamos por seus versos?

A Biblioteca Madrinha Lua pretende reunir algumas
dessas poetas que nos aparecem pelas frestas
do mercado editorial, pelas fendas do debate
literário amplo, pelas escotilhas oxidadas
enquanto mergulhamos na literatura
contemporânea. Já no final da vida, Henriqueta
Lisboa, nossa poeta madrinha, se fazia uma
pergunta dura, sem resposta previsível, em
especial para as mulheres que escrevem: "Terá
valido a pena a persistência?". Pois então. Acho
que todas se perguntam isso, mais cedo ou mais
tarde. Não terá sido por falta de persistência e de
uma coleção como esta, poeta. Vejamos aí a força
delicada e madura de Líria Porto.

ÍNDICE DE POEMAS

reverência   11

monoico   12

olha a garoa   13

torrão   14

tanto mar   15

oferenda   16

sem demasias ou delongas   17

bandoleiras   18

conchas   19

bashô em mim   20

garatuja   21

feio   22

manha   23

cochichos   24

o fio da meada é cor de prata   25

bipolar   26

apuro   27

artista   28

farnel   29

irreconhecível   30

a caneca   31

préstimos   32

de floração   33

poente   34

cabra-cega   36

sereia   37

amarelinha   38

montanhesa   39

adolescência   40

peleja   41

abano **42**

surucucu **43**

tempos bicudos **44**

paixão **45**

defloração **46**

o visitante **47**

medula **48**

platônicos **49**

pés no chão **50**

relâmpagos **51**

rachaduras **52**

flagrante **53**

a rigor **54**

premonição **55**

boca seca **56**

guia **57**

álibi **58**

miserável **59**

hipócrita **60**

medição **61**

fiasco **62**

massa **63**

conforto **64**

onde cantam os bem-te-vis **65**

pontuado e sem respostas **66**

passe livre **67**

neblina **68**

cão de guarda **69**

camaleões **70**

novela **71**

a lenda da lia esplêndida e da lua desalmada **72**

FONTES **Eskorte e Ronnia**
PAPEL **Pólen soft 80 g/m²**
TIRAGEM **1000**